Dedicatória

Dedico esse livro a Camila, Gabriel e Alice.

Que durante a trajetória de suas vidas, nunca se esqueçam quem realmente são, que o amor, a paz e a justiça nunca se afastem de seus corações.

Agradeço pelos momentos felizes e tristes, pelas risadas e choros, pela tranquilidade e pelos momentos difíceis que passamos juntos, e principalmente das nossas memórias.

Acredito que de tudo que a vida possa oferecer, as memórias são as mais valiosas, e as que possuo com vocês, são as quais quero levar para sempre.

Com amor.

Paulo Chagas de Castro Filho

Prólogo:

Essa é a pergunta que tem atormentado a humanidade ao longo dos séculos, formando a base dos mistérios da existência. Buscá-la é essencial para encontrarmos um propósito e compreendermos, ainda que parcialmente, a nós mesmos, os outros e o mundo que nos cerca. Talvez, ao se perdermos ou nos encontrarmos nessas indagações, não cheguemos a lugar algum. Podemos duvidar de nós mesmos, da sociedade e até de todas as teorias que criamos ou imaginamos. Mas, mesmo nesse labirinto de incertezas, surge a possibilidade de questionar, criticar e explorar tudo o que nos é apresentado, na esperança de vislumbrar uma fração da verdade essencial.

Afinal, quem somos nós? Somos apenas seres criados ou há algo mais profundo que nos define? Quais características moldam nossos comportamentos, hábitos, emoções e pensamentos? O que constitui a essência da energia que nos impulsiona? Seremos seres em constante evolução ou apenas coincidências do universo, frutos de moléculas que, ao longo de milênios, evoluíram para algo tão complexo que ainda nos escapa à compreensão?

E por que isso importa? Se não sabemos quem somos, como poderemos compreender nossa origem ou propósito? E se, de alguma forma, encontrarmos todas as respostas, qual será o destino dessa descoberta? Existe sentido nessa busca incessante? O que motiva você a ler estas palavras, mesmo que elas, à primeira vista, pareçam não se encaixar em um propósito claramente definido?

Talvez haja um propósito subjacente em tudo isso, uma ordem oculta que ainda não percebemos. Talvez estejamos tentando montar um quebra-cabeça cósmico, buscando uma peça-chave que dê significado à existência. Ou talvez não haja sentido algum, e estejamos simplesmente navegando em um vasto oceano de incertezas.

Ainda assim, há algo dentro de cada um de nós que anseia por conhecimento, por compreensão, por um sentido maior que transcenda a superficialidade da vida cotidiana. Mas de onde vem esse anseio? É apenas uma curiosidade inata ou uma necessidade fundamental para nossa sobrevivência emocional? Será essa busca que nos empurra adiante, que nos desafia a decifrar o enigma de quem somos e do que somos feitos.

Vivemos em uma sociedade tão acelerada que as personalidades autênticas e a originalidade parecem estar desaparecendo. Estamos nos tornando repetidores de ideias, facilmente moldados e manipulados. Pensadores criativos e críticos — aqueles que antes impulsionavam o progresso e as mudanças — estão se tornando raros. Assim, compreender quem somos hoje é mais do que uma reflexão filosófica; é uma necessidade vital para preservarmos nossas raízes, nossas identidades e, acima de tudo, nossa sanidade.

Mas como poderemos transformar o meio social se não conseguimos, primeiro, transformar nossas próprias ações e atitudes? Antes de mudar o mundo, é preciso compreender a si mesmo: entender quem somos, o que buscamos e o que nos faz humanos. Essa auto exploração não é uma tarefa simples, mas é o primeiro passo para que possamos, gradativamente, transformar nossas vidas e, por extensão, impactar positivamente as pessoas ao nosso redor.

Que estas palavras sirvam como um ponto de partida para provocar sua inteligência, inspirar sua jornada e causar impacto em sua trajetória. A vida passa depressa, e, se não nos atentarmos ao presente, corremos o risco de acordar tarde demais para questionar, compreender e agir. Afinal, talvez o verdadeiro sentido da vida não esteja nas respostas, mas na coragem de continuar perguntando.

Que este livro inspire você a se aventurar nesse processo, abraçando a complexidade de ser humano em toda a sua profundidade. Afinal, é na jornada de nos compreender que encontramos o significado mais genuíno da vida.

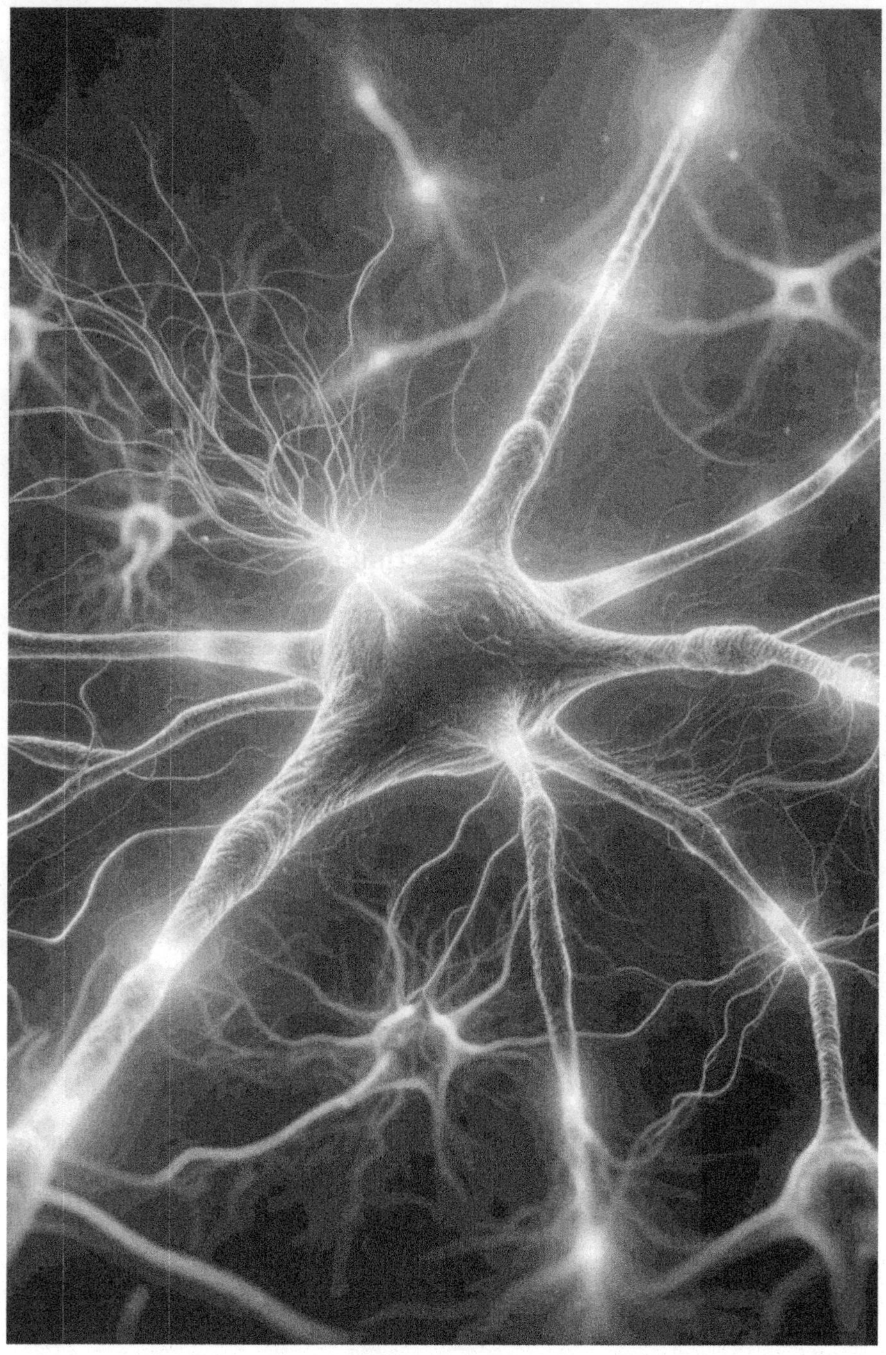

Capítulo I – O Pensamento

O que nos molda? O que nos diferencia dos outros seres vivos? Qual é a nossa essência? Desde as civilizações antigas até os costumes que se perpetuaram ao longo dos anos, das influências culturais e filosóficas ao surgimento da ciência e das religiões, há um fio condutor que tenta responder a essas questões fundamentais. Afinal, o que realmente nos distingue?

Neste capítulo, mergulharemos nas profundezas do pensamento humano, buscando desvendar sua estrutura complexa e os processos que possibilitam o raciocínio, a interpretação, a associação e outras funções vitais. Para compreender as bases do pensamento, é necessário explorar a intricada rede neuronal que forma nossa mente. Analisaremos desde os mecanismos automáticos até os processos que envolvem o registro da memória, investigando cada aspecto para alcançar uma compreensão mais profunda desse tema fascinante.

Um dos aspectos fundamentais do pensamento é o processo de registro na memória. Todos os dias, nosso cérebro é inundado por uma infinidade de estímulos, que são processados e armazenados pelos neurônios. Por exemplo, ao descobrir que existem atualmente vinte e quatro mil espécies de peixes, seu cérebro automaticamente registra essa informação como uma nova memória.

Agora, experimente fechar os olhos por um momento. Consegue lembrar do que acabou de ler? Se sim, parabéns! Você acabou de registrar essa informação em sua memória e resgatá-la.

Os registros da memória são realizados por diferentes canais sensoriais, cada um responsável por captar e armazenar um tipo específico de informação. Esses canais, como a visão, a audição e o tato, trabalham de forma integrada para compor nosso entendimento do mundo e garantir que possamos acessar informações sempre que necessário.

- Visão: Registro de imagens.
- Audição: Registro dos sons.
- Tato: Registro das sensações táteis.
- Olfato: Registro dos cheiros.
- Paladar: Registros gustativos.
- Sentimentos: Registros das experiências emocionais.
- Pensamentos: Registros dos pensamentos elaborados.
- Momento: Registro do tempo.

Citei alguns tipos de Registros e os tipos de suas memórias, mas acredito que ainda assim, existem inúmeros outros responsáveis, com suas próprias características e tipos de ativação.

Para compreendermos melhor o funcionamento desses Registros, podemos realizar alguns exercícios simples: Lembre-se de eventos recentes, como a hora em que acordou hoje ou a hora em que almoçou. Tente evocar sensações, como o gosto azedo do limão ou o doce do mel. Visualize objetos ou cenas familiares, como a imagem de um carro ou o som de um liquidificador. Reconstrua momentos felizes ou tristes, que vivenciou.

As lembranças dos Registros, nunca serão a memória pura, nunca se irá se "lembrar" de algo, pois toda memória é reconstruída. O que temos então são as estruturas dessas memórias, que são utilizadas em diversos momentos. Sendo também influenciadas pelo nosso EU, o momento, o lugar e as circunstâncias em que nos encontramos.

Com mais de oitenta e seis bilhões de neurônios e uma vasta diversidade de modelos neurais, a mente humana ainda é um que ainda não foi completamente desvendado pela ciência. Cada memória é única, e é influenciada pelo contexto em que foi registrada, pelas circunstâncias em que é evocada.

O processo de registro na memória é apenas o primeiro passo na jornada do pensamento humano. Exploraremos as etapas subsequentes desse fascinante processo, buscando compreender mais profundamente a natureza da mente humana.

Conexões:

Conexões é a segunda etapa do processo de construção do pensamento humano, onde ocorrem as conexões entre as memórias, formando conjuntos ou um aglomerado de memórias, a quais chamo de Memórias Base. É como se cada memória fosse um componente de um grande sistema, conectado por redes, semelhante aos elementos que compõem um computador.

Quando uma criança experimenta algo novo, como visualizar uma árvore pela primeira vez, diferentes aspectos dessa experiência são registrados em sua memória. A visão da árvore, o som das folhas ao vento, o cheiro fresco das flores, tudo isso se torna parte de suas Memórias. Além disso, ao perguntar aos seus pais sobre a árvore que visualizou, recebendo a resposta que é uma árvore, essa informação é conectada a todas as outras memórias relacionadas àquela experiência.

As conexões podem ser divididas em primárias e secundárias. Por exemplo, no conjunto Carro, as conexões primárias incluem as portas, janelas, rodas, motor e painel. Essas são as partes essenciais do carro. Em seguida, existem as conexões secundárias, como as maçanetas das portas, os botões elétricos das janelas e os componentes individuais das rodas. Cada uma dessas conexões secundárias contribui para o entendimento geral do objeto Carro.

As conexões secundárias podem ser ainda mais ramificadas, conectando-se a outras memórias e experiências. Por exemplo, entender o conceito de Árvore pode levar a uma análise mais detalhada das partes que a compõem, como folhas, tronco e raízes. Essa expansão contínua das conexões nos permite aprofundar nossa compreensão e interpretação do mundo ao nosso redor.

Todas essas conexões formam as Memórias Base, que servem para a estruturação de nossa compreensão sobre o mundo. Assim como um conjunto de peças forma um quebra-cabeça completo, as Memórias Base nos permitem organizar e assimilar as informações.

Podemos pensar nessas conexões como os blocos que formam um muro ou como os materiais que compõem um prédio. Assim como essas estruturas são construídas a partir de elementos individuais, nossas Memórias Base são formadas pelas conexões entre diferentes memórias, com diversas experiências e conhecimentos que se interligam.

As conexões entre as memórias são essenciais para o nosso processo de pensamento e compreensão.

Ativadores da Memória:

Os Ativadores da memória desempenham um papel fundamental no funcionamento mental, agindo como um ponto de partida para o processo do pensamento. Eles são os responsáveis por iniciar o fluxo de energia psíquica.

Esse mecanismo automático de ativação, utiliza os mesmos recursos que empregamos para registrar as memórias, como os cinco sentidos, sentimentos e pensamentos. Por exemplo, ao olhar para a TV, instantaneamente somos transportados para uma memória visual associada à televisão. Da mesma forma, ao saborear um alimento, despertamos a memória gustativa correspondente.

É importante compreender que todas as memórias que registramos só podem ser acessadas por meio da ativação. Cada estímulo sensorial que percebemos, não apenas contribui para o registro de novas memórias, mas também serve como um ativador para as memórias já existentes.

Os sentidos, atuam como mediadores nesse processo, convertendo os estímulos externos em impulsos nervosos, que viajam até o centro nervoso do cérebro. Lá, ocorre a ativação das memórias associadas aos estímulos, permitindo-nos acessar nosso vasto repertório de conhecimento e experiências.

Em suma, os ativadores da memória são essenciais para a nossa capacidade de recordação e compreensão do mundo ao nosso redor.

Ancoragem da Memória:

O quarto mecanismo que exploraremos é o da Âncora, um elemento vital no funcionamento intricado de nossa memória. Quando uma memória é ativada, ela procura uma Memória Base específica, onde é ancorada, guiando assim o fluxo e dando o sentido para as ativações subsequentes. Essas Âncoras são como guias que dirigem nossas associações de memórias, e delineiam o curso de nossos pensamentos.

Imagine-se ponderando sobre as características de um avião. Nesse momento, sua mente se prende à Âncora associada a Memória Base Avião, conduzindo os seus pensamentos posteriores, nessa mesma linha de raciocínio. Isso impede que pensamentos aleatórios, como um gafanhoto ou um jet-ski, interfiram no pensamento, mantendo um fluxo coerente.

A ancoragem da memória atua como um guia, disponibilizando as Memórias Base, para que possam ser ativadas e direcionadas de maneira específica. Por exemplo, ao pensar em um computador, as conexões de memória seguem um curso predefinido pela Âncora, associada ao conceito da Memória Base Computador.

A ativação e a ancoragem das memórias operam em harmonia, formando um mecanismo integrado. Quando uma informação é acessada, primeiro ocorre a ativação dessa informação, seguida pela ancoragem, definindo assim, o fluxo do pensamento.

Esses padrões de ancoragem também são observados no funcionamento dos computadores. Por exemplo, ao clicar em uma imagem, o sistema abre o arquivo de imagem correspondente, seguindo um padrão predefinido. Isso proporciona uma interação mais fluída e previsível, pois sem a ancoragem ou definição, ao clicar no arquivo, o computador poderia seguiria por qualquer direção, desligando a máquina ou acessando um site na internet.

A âncora da memória desempenha um papel fundamental na identificação e no reconhecimento de objetos e conceitos. Ao visualizar um celular, por exemplo, instantaneamente o reconhecemos, graças à Âncora que foi associada a esse objeto específico, dando o sentido.

A ancoragem da memória é essencial para orientar nossos pensamentos, oferecer coesão e direcionamento ao nosso processo cognitivo.

O Fluxo do Pensamento:

O termo Fluxo carrega consigo a ideia de um movimento constante, um curso a ser seguido. Em nossa mente, esse Fluxo é impulsionado pela energia psíquica, que é conduzida através das primeiras etapas do processo cognitivo: ativação e ancoragem. Como isso acontece?

O Fluxo segue um curso determinado pela Âncora da memória, uma espécie de guia, que direciona a nossa energia psíquica, realizando as associações das memórias. Quando uma memória é ativada, o Fluxo é automaticamente acionado, seguindo o padrão estabelecido pela Âncora. Assim, todas as memórias conectadas à base correspondente são ativadas simultaneamente, proporcionando uma compreensão rápida e automática do conjunto de memórias associadas.

É importante notar que o Fluxo pode ativar várias memórias ao mesmo tempo, desde que estejam associadas à Âncora da memória específica. Essa energia percorre todas as conexões relacionadas, de forma semelhante à eletricidade, fluindo através de fios interligados, energizando todo o conjunto ligado à tomada.

Mas qual é a responsabilidade final desse Fluxo? Ele é o motor do pensamento, guiando-se por inúmeras Memórias e Conexões. É uma corrente contínua de energia que permeia nosso cérebro vinte e quatro horas por dia, ativando, ancorando e percorrendo diversas regiões cerebrais. Mesmo durante o sono, o Fluxo ainda continua a sua jornada, associando informações, dando origem aos nossos sonhos.

O Fluxo carrega consigo uma responsabilidade monumental, pois é ele quem dá vida à virtualidade dos nossos pensamentos. Ao contrário dos outros mecanismos cognitivos, o Fluxo pode ser modificado conforme nossa vontade, em certas circunstâncias.

O pensamento, então, se materializa quando Memórias Base são ativadas juntamente com suas Conexões, e o Fluxo, direcionado pela Âncora da memória, gera o filme mental. Esse filme, essa cena que se desenrola em nossas mentes, é o resultado do Fluxo em ação, da energia que une as memórias, estimula as associações, e cria o pensamento elaborado.

Imagine novamente o pássaro voando. Agora, imagine um peixe nadando. A Âncora acabou de ser alterada, de ave para peixe, e as associações também. Seu Fluxo acabou de tomar outro sentido. Pois o peixe não aparecerá com asas nem bico no céu, mas com suas próprias características, derivadas da sua Memória Base.

Essa cena, esse filme que aparece, é o Fluxo, a energia mental e o resultado das sinapses. Ela possui esse poder de unir as memórias e criar vida.

O pensamento é, portanto, a soma de todas as atividades automáticas do cérebro: registros, conexões, ativações sensoriais e a influência da âncora. Esses elementos colaboram para guiar o Fluxo, a corrente de energia que inicia, e conduz o processo do filme mental. Porém, será esse o único meio de pensamento?

Capítulo II – Desvendando o Pensamento

Agora que mergulhamos na compreensão da estrutura e da formação do pensamento, podemos nos dedicar a uma parte mais acessível: o pensamento já elaborado. Para isso, vamos explorar algumas perguntas que nos ajudarão a desvendar essa questão.

Como podemos interpretar o que nos rodeia? Como compreendemos o mundo e as pessoas a nossa volta? Essas questões constituem um campo de estudo complexo e multifacetado.

A compreensão, conforme descrita na taxonomia de Bloom, é uma das habilidades cognitivas que envolvem a interpretação de um contexto ou a atribuição de significado a ele. A palavra Cognição, originada dos escritos de Platão e Aristóteles, refere-se ao modo como o cérebro percebe, aprende, recorda e processa informações. Isso inclui as percepções sensoriais do ambiente, a recuperação e processamento das memórias armazenadas.

As funções cognitivas são essenciais para a aquisição de conhecimento e interpretação, construção da nossa identidade e da interação com o ambiente. A capacidade de cognição envolve a compreensão e o conhecimento dos processos mentais por meio da interpretação das informações recepcionadas.

Portanto, compreender e interpretar são habilidades intrínsecas ao domínio cognitivo, permitindo-nos atribuir significado e sentido a cada objeto de estudo, compreendendo o significado subjacente a cada aspecto do nosso mundo e de nós mesmos.

Entender o nosso entorno é essencial para a sobrevivência e perpetuação da existência. Como sabemos onde estamos? O que é um computador afinal? Como distinguir entre os sabores das frutas? As questões e decisões, ressaltam a importância da interpretação e associação.

Antes de tomar qualquer decisão, precisamos compreender o significado de cada coisa. É a interpretação que nos permite raciocinar sobre as nossas opções e nos auxilia na escolha dos nossos caminhos, onde dormir, o que comer, quando agir e quando parar de fazer.

A interpretação assume diversas formas, e começa com conceitos básicos. Por exemplo, como sabemos o que é um livro? Ao longo da vida, experimentamos a interação com livros de várias maneiras: lendo, ouvindo sobre eles, observando-os. Cada experiência formou em nosso cérebro memórias, que se conectaram umas as outaras, criando uma representação mental do livro, um Memória Base.

Quando nos deparamos com o livro, pelos mecanismos de ativação essas memórias são ativadas, as ancoradas se fixarão ao Memória

Base e orientando as sinapses. O fluxo do pensamento nos levará a explorar as informações contidas nos conjuntos das memórias, permitindo-nos compreendê-lo.

Embora descrever esse processo seja complexo, na prática, ele ocorre em frações de segundos, sem nossa consciência explícita. A interpretação é o pilar que fundamenta nossos conhecimentos e compreensão.

Em suma, a interpretação é o primeiro tipo de pensamento, aquele que define e organiza tudo o que sabemos. É através dele que atribuímos significado a todas as coisas.

O Poder do Filme Mental:

Vamos nos concentrar agora no Filme Mental ou no pensamento já elaborado, ao qual que se destaca pela capacidade de ser moldado e alterado.

Tente imaginar o som das ondas do mar. Você conseguiu?

As palavras Escutar e Mar agiram como âncoras, dando sentido à experiência.

Essas palavras ativaram a energia psíquica do seu cérebro, traçando o curso definido pela âncora, acessando as memórias associadas ao

Conjunto Base mar. O fluxo resultante desencadeou um filme em sua mente, repleto de imagens e sons.

As ativações e ancoragens não ocorrem de forma isolada; elas acontecem simultaneamente e se interagem. Assim como gotas d'água se unem, os ativadores e ancoras se fundem, formando uma única entidade. As palavras Som e Mar se tornam uma única âncora, permitindo que todas as memórias associadas se interliguem.

Agora, imagine as bolhas das ondas do mar. Aqui, a palavra Som foi substituída pela Imagem das bolhas, mas a base Mar permaneceu a mesma.

Lembrando que, além desses mecanismos, você só conhece o que é o mar, as bolhas, os sons e todas as outras sensações através dos Conjuntos Base.

Isso culmina no que chamamos de Filme Mental, que se desenrola em nossa mente. Para ilustrar ainda mais, vamos criar uma situação mais complexa.

Imagine-se dirigindo um carro azul, que despenca de cima de um penhasco, colidindo com um rio, porém no final, você conseguiu escapar. Que cena, não é mesmo? Agora vamos analisar como esse pensamento se desenvolveu.

Primeiro, as memórias associadas a palavra você e a dirigir são ativadas e unidas pelas âncoras, levando a interpretação e entendimento de duas Memórias Bases, onde você com sua perspectiva e contexto, se une as características da interpretação do objeto carro, com pneus, lataria, vidros, entre outros.

As âncoras ligadas a ambas as palavras orientam o fluxo, gerando o filme mental, onde você é o protagonista que dirige o carro, que por sua vez se une a palavra azul, unindo a Memória Base carro, com a característica da cor.

O fluxo do pensamento ativa todas as memórias associadas, criando uma cena mental dinâmica.

A ativação do penhasco ao cenário altera significativamente o rumo do pensamento, alterando a âncora, onde o carro agora se prende a Memória Base penhasco, com todas as suas características, altura, queda, pedras, entre outras, moldando o cenário e o fluxo das sinapses das memórias.

No fim ativação de você consegue escapar, altera novamente a âncora, gerando uma ação associada a você, e a separação do carro que caiu no rio.

Concluímos assim essa jornada de pensamento. Imaginar o rugido de um leão, a sensação de cortar o dedo com a lâmina de um barbeador, o aroma de um perfume favorito, o sabor de uma comida querida, todos esses exemplos demonstram a riqueza de nossas experiências mentais, alimentadas por uma infinidade de ativações, memórias, âncoras e fluxos.

O Filme Mental que se desenrola em nossas mentes é um testemunho do poder da energia psíquica e dos mecanismos automáticos que nos moldam.

Aprendizado Automático: Um Caso Prático:

Hoje cedo, meu filho, como de costume, pediu pão, porém ele estava visivelmente irritado. Sem perder a calma, pedi-lhe para esperar um pouco enquanto eu fazia algo para ele comer.

Com apenas dois anos de idade, ele compreendeu minha instrução e aguardou pacientemente. Desde então, toda vez que ele solicita algo, eu simplesmente digo espere, e ele espera tranquilamente.

É incrível como, mesmo tão jovem, ele já registrou, ativou, ancorou e assimilou esse comportamento. Ele entende que espere está conectado à recompensa de receber o que pede. Além disso, ele compreende outras instruções simples, como feche seus olhos, sente aqui ou vá ali. Essa capacidade de entendimento precoce, é impulsionada pelos mesmos mecanismos que descrevemos anteriormente.

Em nosso Filme Mental, apenas uma janela pode ser aberta, descartando assim o paralelismo de pensamento. Experimente imaginar duas coisas ao mesmo tempo, como um pinguim na Antártida, ou um peixe andando em alto mar, sem associá-los. É impossível.

Se abrir uma janela, ela imediatamente se transformará na outra. Talvez seja uma limitação de nossa mente ou talvez não seja saudável fazer isso. No entanto, é inegável que nossa mente é incrivelmente bem ajustada, com todos os mecanismos e processos trabalhando em perfeita harmonia, mesmo diante de nossa má gestão mental.

Apenas uma janela pode ser aberta em nossa mente, mas essa janela é composta por vários ativadores e ancoras que são ativados simultaneamente, gerando uma falsa sensação de paralelismo, que poderão ser alterados por nossa vontade, por estímulos sensoriais e emocionais.

Assim, nosso Filme Mental é um conjunto de todos esses mecanismos e memórias, que navega pelo fluxo das sinapses, que se traduz em energia psíquica.

Por exemplo, imagine um carro azul. Aqui, temos dois ativadores e uma âncora, onde carro se associará à cor azul. Agora, adicione o detalhe de o carro estar voando. Temos três ativadores e duas âncoras, onde voando se associa ao carro azul.

Seguindo adiante, imagine o carro azul voando pelo Egito. Agora temos quatro ativadores e duas âncoras, onde Egito deu vida ao cenário, com suas características. Essas associações são fluidas e seguem padrões definidos pelas âncoras das memórias bases, permitindo o fluxo navegar pelas conexões corretas.

Concluímos que nosso Filme Mental é uma construção baseada na memória, estimulada pela energia psíquica e em seus mecanismos. Essas criações são, na verdade, novas formas de pensamento, por um processo contínuo de registro, ativação, ancoragem, conexão e fluxo. Cada pensamento gera novas conexões e novas ideias, perpetuando um ciclo infinito de pensamentos.

Agora que compreendemos a natureza desses filmes que passam por nossas mentes, podemos apreciar o quão fácil é criá-los.

Além disso, podemos adicionar emoções aos nossos pensamentos. Experimente pensar em alguém que você ama, ou que te irrita, em algo que causa medo ou receio. Muitas vezes, sofremos antecipadamente por eventos que nunca ocorrerão.

Capítulo III – Combustível Mental

O anseio é uma faceta intrínseca da mente humana, um impulso profundo que não é facilmente alterável. Contudo, o que podemos modificar são as interpretações que fazemos desse anseio e suas implicações em nossos pensamentos e ações. Em essência, o anseio refere-se a um desejo intenso, muitas vezes relacionado a algo que acreditamos ser necessário para nossa realização, satisfação ou bem-estar. Ele age como um motor que impulsiona nossas ações, pensamentos e decisões, sempre com a intenção de alcançar aquilo que desejamos.

Mas o que exatamente desejamos? Para responder a essa questão, precisamos explorar as bases e os mecanismos que sustentam o anseio humano. Em sua essência, o anseio pode ser visto como uma busca incessante por aquilo que acreditamos nos trazer felicidade. A felicidade, então, se configura como o desejo primordial que se encontra por trás de muitos outros desejos e metas. Esse conceito não é novo. Desde tempos antigos, filósofos e sábios, como o rei Salomão, se debruçaram sobre o verdadeiro sentido da vida e da felicidade, questionando o que, de fato, constitui uma vida bem vivida. No livro de Eclesiastes, Salomão expressa seu desejo de compreender o significado da felicidade, levando-nos a refletir: afinal, quem deseja estar infeliz? Embora existam exceções, é razoável afirmar que a maioria das pessoas anseia ser feliz e busca estar livre da tristeza, da ansiedade e do sofrimento.

Entretanto, a definição de felicidade é uma questão complexa. Como podemos definir algo tão subjetivo e multifacetado como a felicidade? Uma forma de entendê-la é concebê-la como um estado duradouro de prazer, satisfação e contentamento. No entanto, a busca pela felicidade não é linear; ela assume diferentes formas de acordo com a percepção e as crenças de cada pessoa. O que traz felicidade para uma pessoa pode ser completamente distinto do que traz felicidade para outra. Por exemplo, algumas pessoas podem buscar a felicidade em bens materiais, enquanto outras a buscam no amor, na realização profissional ou no crescimento espiritual. Em suma, a felicidade pode ser vista como um conceito pessoal e único, que se desvia de acordo com os valores e desejos de cada indivíduo.

Podemos compreender o anseio pela felicidade como uma base central que sustenta muitos dos nossos outros desejos e objetivos de vida. Cada um desses anseios é uma interpretação pessoal sobre o que nos traz prazer e satisfação. E, a partir dessa base, surgem metas, ações e propósitos que nos guiam em direção a um ideal de felicidade, que varia imensamente de pessoa para pessoa. Porém, o que muitas vezes acontece é que, quando não alcançamos a realização do nosso anseio, surge a ansiedade, a frustração e a tristeza. O distanciamento da felicidade que almejamos pode criar uma sensação de vazio e insegurança, como se estivéssemos constantemente buscando algo que nos parece inalcançável.

Quando nos sentimos distantes da felicidade, é comum experimentar uma sensação de inquietação, de insatisfação e até de medo. O não cumprimento de nossos desejos mais profundos pode gerar uma série de reações emocionais e físicas que impactam nossa saúde mental e emocional. Nesse contexto, aprender a gerenciar nosso anseio pela felicidade se torna crucial para o nosso bem-estar. Compreender os mecanismos que governam o anseio e a busca pela felicidade pode ser o primeiro passo para encontrar equilíbrio e paz interior.

Propósitos: A Força que molda as Nossas Vidas

Os propósitos, por sua vez, são objetivos interligados às nossas definições de felicidade. Eles são a força motriz que molda nossas ações, decisões e atitudes no cotidiano. Por exemplo, um dos meus propósitos pessoais é cuidar do meu filho, vê-lo crescer e ajudá-lo a se tornar um homem de valor. Este é um objetivo que contribui de maneira significativa para minha felicidade e satisfação pessoal, pois está diretamente ligado ao meu desejo de proporcionar um futuro melhor para ele. E assim como este, tenho muitos outros propósitos, que se conectam à minha busca pela felicidade e pelo sentido da vida.

Os propósitos que definimos se tornam a base dos nossos pensamentos, tanto positivos quanto negativos. Mas por que isso acontece? A resposta está no fato de que, ao estabelecermos um propósito, automaticamente surge o oposto — o medo ou o sofrimento. O medo surge quando sentimos que não conseguiremos alcançar os objetivos que estão ligados ao nosso anseio por felicidade. Por exemplo, ao pensar em alguém que amamos, o filme mental que se desenrola em nossa mente está, na maioria das vezes, tentando satisfazer o anseio de nos sentirmos amados, protegidos e conectados. Mas por que pensamos em alguém que amamos? Porque o amor é, de certa forma, uma interpretação pessoal profundamente ligada ao nosso anseio pela felicidade.

Se algo ameaça prejudicar esse amor, surgem o medo ou a ansiedade. Nesse momento, nossa mente pode entrar em um modo automático de reação, como uma defesa instintiva, alterando drasticamente a direção do fluxo mental. Esse processo é natural, pois estamos constantemente tentando proteger aquilo que acreditamos ser essencial para nossa felicidade. Em outras palavras, nossos propósitos atuam como combustível da nossa mente, influenciando diretamente nossos comportamentos, tanto no nível consciente quanto no inconsciente.

Refletir sobre a felicidade, portanto, é fundamental para conduzir nossos pensamentos e ações de maneira mais eficaz. O modo como interpretamos nossos propósitos e a felicidade tem um impacto direto na qualidade de nossa vida emocional e mental. Os padrões desses propósitos variam de acordo com a interpretação de cada um. Alguns buscam a felicidade em bens materiais, gerando assim propósitos ligados ao poder, ao consumo e à busca por status social. Outros podem buscar a felicidade no amor, na realização profissional, no reconhecimento pessoal, ou ainda na busca por conhecimento e crescimento espiritual. Essas diferentes interpretações dos propósitos, naturalmente, vão direcionar as ações e pensamentos de cada pessoa.

É essencial refletir sobre os próprios propósitos, pois quando não temos objetivos bem definidos, acabamos navegando sem direção, em um estado de confusão, tentando preencher o vazio com as expectativas e metas dos outros. A busca incessante por uma definição clara de felicidade é algo universal, e muitos têm encontrado esse caminho por meio da ciência, da religião ou de outras formas de sabedoria. No entanto, essa busca incessante pelo sentido da vida muitas vezes está profundamente ligada aos nossos anseios mais profundos, nossos medos e desejos mais íntimos.

Quais são os seus propósitos? Eles refletem a sua própria compreensão de felicidade ou são impostos a você pelas expectativas da sociedade, tornando-o um fantoche dos outros? Ou talvez seus propósitos estejam baseados em seus medos e preocupações, criando um ciclo de ansiedade e insatisfação? Ao se ver imerso em pensamentos e reflexões, é importante questionar-se sobre a direção na qual você deseja seguir. Afinal, o que é a felicidade para você? E, mais importante, quais são os passos que você está disposto a dar para alcançar essa felicidade?

Capítulo IV – Emoções

As emoções são como correntes poderosas que fluem através de nossa mente, moldando nossa percepção e experiência do mundo. Ao contrário dos pensamentos, que são virtuais e restritos ao domínio da mente, as emoções são vivenciadas no momento presente, com intensidade e impacto imediatos.

Enquanto os pensamentos são interpretações e reconstruções estruturadas de nossas memórias, as emoções são como ondas que nos inundam, trazendo consigo uma gama de sensações e respostas bioquímicas. Sentimos raiva, medo ou felicidade, não como meras ideias, mas como experiências palpáveis que reverberam em nosso corpo e mente.

Muitas vezes, sofremos antecipadamente por eventos que ainda não ocorreram, alimentados por pensamentos que conseguem evocar emoções intensas no presente. Essas emoções atuam como âncoras poderosas, criando complexos conjuntos de memórias que moldam nossa visão, percepção e reações diante dos estímulos sensoriais.

As emoções dão vida aos nossos pensamentos, conferindo-lhes uma dimensão mais profunda e significativa. Embora os pensamentos criem as emoções, são as emoções que dão cor e textura aos nossos pensamentos.

Os propósitos que estimulam os nossos pensamentos frequentemente estão enraizados em objetivos sentimentais, como a busca pela felicidade ou o desejo de evitar o sofrimento. Esses propósitos são alimentados pelas emoções mais profundas, que nos impulsionam em direção aos nossos objetivos e nos alertam sobre possíveis perigos.

As emoções não são apenas fenômenos subjetivos; elas têm uma base neurobiológica tangível. Diferentes emoções estão associadas à liberação de substâncias específicas no cérebro, como cortisol, ocitocina, dopamina, serotonina e endorfina. Essas substâncias desempenham um papel fundamental na regulação do nosso humor, comportamento e bem-estar emocional.

As emoções são poderosas ferramentas de registro das memórias, capazes de criar associações impactantes e duradouras em nossa mente. Uma única experiência emocional pode deixar uma impressão indelével, influenciando nossas decisões e nossa história.

Portanto, aprender a gerenciar nossas emoções é essencial para cultivar uma mente equilibrada e uma vida plena. Ao compreendermos o papel das emoções em nossos pensamentos e comportamentos, podemos trabalhar para modificar nossas experiências internas e externas, promovendo maior bem-estar e crescimento pessoal.

As memórias estão repletas de emoções que, embora se diferenciem das lógicas utilizadas para a interpretação, têm o poder de moldar o caráter e a personalidade. Elas se enraízam em torno de anseios, propósitos ou medos, que podem gerar e criar memórias em conjunto. Memórias de alta carga emocional tendem a se multiplicar, formando grandes redes neurais inconscientes, aprisionando o indivíduo e criando verdades absolutas para ele.

Experiências como um incidente em um elevador ou avião podem se retroalimentar, aumentando a tensão armazenada com cada gatilho vinculado a essa memória. Quando a pessoa entrar em qualquer elevador, seu corpo reagirá imediatamente, fugindo ou atacando, e, posteriormente, novas memórias serão formadas, retroalimentando seus medos.

O pensamento é o trilho das emoções, traçando o caminho para as reações que ocorrem em frações de segundos após a abertura de um fluxo mental. É nesse momento que devemos agir, alterando a âncora mental, não permitindo que se transforme em um comportamento que retroalimente uma memória doentia.

Sentimos o que pensamos. Sendo assim, é necessário pensar para sentir, e pensar com qualidade garante qualidade nas emoções. A gestão emocional, portanto, está diretamente ligada à boa gestão mental, refletindo nas emoções presentes e nas ações que elas geram.

Quem sente raiva, medo, ira ou ódio está, muitas vezes, lidando com uma falta de gestão mental, pois os pensamentos invadiram essa pessoa pela qualidade de seus próprios pensamentos. Pensamentos negativos tendem a gerar reações biológicas negativas, refletindo na forma como o indivíduo se comporta. Da mesma forma, pensamentos positivos tendem a gerar bons resultados emocionais, refletindo-se em comportamentos e atitudes mais saudáveis.

Quando as memórias emocionais são gravadas de maneira contínua, tendemos a perder parte da empatia, devido ao conceito de adaptação, que traz aquilo à normalidade pela repetição. Assim, muitos médicos não sentem a mesma emoção nas consultas como sentiam no início de suas carreiras, ou cientistas não mantêm o entusiasmo da juventude, entre outros casos.

O sucesso também pode estancar a felicidade, pois pode gerar prepotência, bloqueando a criatividade e reflexão. O excesso de riquezas pode alimentar o indivíduo a necessitar de doses elevadas de realização para experimentar uma efêmera sensação de felicidade. No entanto, uma emoção saudável aprende a contemplar as coisas simples e a singeleza da vida.

São os pequenos blocos que constroem as grandes muralhas, são as flores singelas que trazem tonalidade à paisagem, e as pedras que formam as imensas montanhas. A emoção deve ser bem alimentada e ajustada pelos pensamentos, pois ela é a resposta que reflete diretamente na nossa qualidade de vida.

Capítulo V – Comportamentos

Podemos dizer que uma pessoa é definida por suas ações. Se alguém escreve, será um escritor. Assim, as ações refletem os processos internos: o agir é uma manifestação do corpo em resposta à mente. Porém, a ação começa muito antes, nos pensamentos, motivações e propósitos, na forma como o "eu" responde aos desafios de decifrar quem somos.

Mas as pessoas agem conforme desejam ou de acordo com o que realmente acreditam? E, se for o caso, no que acreditam? É fácil manipular ações, fazendo com que alguém acredite estar perseguindo um desejo autêntico, quando, na verdade, está apenas reagindo a influências externas. Assim, muitas vezes, as pessoas não questionam nem criticam suas escolhas, acreditando que estas são fruto de sua própria vontade.

Dado esse cenário, como podemos julgar quem alguém realmente é? A personalidade, tida por muitos como algo estático, é na verdade volátil e imprevisível. Ela resulta de memórias acumuladas e editadas, do subconsciente, dos anseios, propósitos, pensamentos, gatilhos e conexões. Uma mudança em qualquer uma dessas variáveis pode alterar ações e, consequentemente, a percepção que temos da personalidade.

A Exteriorização da Personalidade:

Uma das formas mais antigas de exteriorizar ações e pensamentos é pela comunicação. Estudos mostram que apenas 7% da comunicação é composta por palavras; 38% vêm do tom de voz, e 55% da linguagem corporal. Isso evidencia que a interpretação do que alguém pensa ou sente vai muito além do que é dito. Mas será que podemos realmente compreender uma pessoa apenas com base nesses fatores?

As atitudes variam conforme memórias, ativações e o fluxo de pensamento. Por exemplo, em um ambiente controlado, como um consultório, alguém pode demonstrar calma e equilíbrio emocional. Contudo, ao enfrentar tensões ou situações imprevisíveis no mundo real, essa mesma pessoa pode reagir de maneira completamente diferente.

Personalidades vistas como lógicas ou racionais podem agir por impulso ou emoção em momentos de crise. Indivíduos calmos podem se tornar irritados ou agressivos sob pressão. O verdadeiro teste de quem somos está no teatro da vida cotidiana, nas tensões e reações a elas.

A Complexidade dos Comportamentos

Por ser mutável, a personalidade não pode ser reduzida a rótulos estáticos, como "boa" ou "má". Um líder considerado forte e equilibrado pode demonstrar fragilidade em um momento de vulnerabilidade e ser julgado injustamente. Da mesma forma, pessoas tímidas ou inseguras podem adotar comportamentos exagerados para compensar suas inseguranças, projetando uma imagem falsa de autossuficiência.

Por outro lado, quem está em paz consigo mesmo e com clareza de seus objetivos age de forma natural e inspiradora. Um bom líder não impõe, mas inspira pelo exemplo. Quando alguém finge ser algo que não é, é essencial questionar a motivação por trás desse comportamento.

Ações e Processos Internos

Toda ação é uma resposta aos processos internos e está sempre vinculada ao momento e ao contexto em que ocorre. Cada interpretação dessas ações é apenas um fragmento da personalidade em constante evolução.

Comportamentos, mais do que simples hábitos, são expressões concretas do que acreditamos, pensamos e sentimos. Eles manifestam um sistema mental complexo que encenamos no palco da vida. Assim, compreender uma pessoa vai além de analisar suas ações isoladas; é preciso entender os processos internos que as originam.

A Influência das Narrativas

Vivemos em um mundo saturado de informações, onde narrativas distorcidas moldam percepções e ações de maneira sutil, mas poderosa. Muitas vezes, comportamentos destrutivos resultam de mentiras aceitas como verdades. Assim, decisões cruéis, como guerras ou opressões, podem ser motivadas por falsas crenças.

A consciência crítica é vital para questionar pensamentos e reavaliar comportamentos. Hábitos, embora úteis, podem nos aprisionar em padrões automáticos, limitando nosso crescimento. O maior engano é mentir para si mesmo e transformar essas mentiras em verdades, buscando conforto em narrativas que perpetuam comportamentos autodestrutivos.

A Essência e as Variáveis

Cada ser humano possui duas "impressões digitais": a física, que o distingue no mundo, e a essência, moldada por variáveis como ambiente, contexto, história e memórias. Essas variáveis criam o "filme mental" que direciona o comportamento e registra novas experiências.

A personalidade não é estática; é fluida e evolutiva. Uma pessoa calma pode se tornar estressada sob opressão constante, enquanto alguém irritadiço pode encontrar serenidade ao tratar suas memórias de estresse. A personalidade é o resultado da interação entre o ambiente e as memórias, sendo tão dinâmica e imprevisível quanto a própria vida.

Interior e Exterior

Compreender alguém exige ir além das aparências e captar as nuances de sua alma. Cada ação exteriorizada é fruto de processos internos profundos. Por isso, ao tentar interpretar alguém, é essencial adotar uma abordagem empática e respeitosa. Reduzir a complexidade humana a estereótipos é um erro.

Uma análise genuína exige sensibilidade para interpretar o contexto e os motivos subjacentes às ações. Cada pessoa é única, com uma jornada que molda sua forma de pensar, sentir e agir. Reconhecer essa complexidade é fundamental para criar conexões verdadeiras.

Compreender o comportamento humano demanda empatia e a habilidade de enxergar além do óbvio. Julgar ações sem contexto reforça barreiras, enquanto buscar as motivações por trás delas cria conexões genuínas e promove uma cultura de respeito mútuo.

Ao analisar o pensamento humano e a linguagem corporal, devemos cultivar uma mentalidade aberta. Reconhecer a singularidade de cada indivíduo é essencial para contribuir com um mundo mais compassivo. Afinal, compreender verdadeiramente o outro é um passo fundamental para construir relações significativas e um ambiente mais harmonioso.

Comportamentos e hábitos podem enriquecer a vida, desde que analisados criticamente. Quando usados como ferramentas de opressão ou manipulação, tornam-se prejudiciais. A solução está em questionar as narrativas que moldam nossa visão de mundo.

Somente refletindo sobre nossas ações e crenças podemos nos libertar das mentiras que nos limitam. Esse é o caminho para uma vida autêntica e baseada na verdade e na compaixão. O desafio é constante, mas essencial para vivermos plenamente.

Capítulo VI – Costumes

Os costumes são padrões de comportamentos que permeiam uma sociedade, moldando suas interações e práticas diárias. Eles surgem a partir de ideias e pensamentos que ganham aceitação e são adotados por um grupo de pessoas. Por exemplo, o costume de usar talheres para comer remonta ao período medieval, quando apenas os nobres tinham acesso a esses utensílios, enquanto o hábito de escovar os dentes originou-se de práticas improvisadas, como o uso de pelos de rato e gravetos por um prisioneiro.

Cada sociedade, região ou grupo cultural desenvolve seus próprios costumes, influenciados pelas diversas perspectivas e visões de mundo de seus membros. No entanto, essa diversidade também pode levar a conflitos, à medida que diferentes ideias e visões entram em choque. Como seres únicos, com pensamentos e interpretações distintas, é natural que discordemos uns dos outros. Essa divergência é uma das principais causas de conflitos ao longo da história e reflete a complexidade da convivência humana.

Conforme discutido anteriormente, os pensamentos elaborados, vindos das memórias, geram ações individuais baseadas nos propósitos. Mas e se o registro de memória fosse coletivo? Ou se os propósitos fossem disseminados entre um grupo de pessoas? Surgiriam, então, as religiões, culturas e hábitos coletivos, que moldam a identidade dos povos e orientam comportamentos em escala comunitária.

Geralmente, uma pessoa que interpreta o mundo de maneira diferente pode criar narrativas que moldam outras perspectivas, influenciando os propósitos em massa. Isso é observado não apenas em líderes religiosos ou políticos, mas também em figuras culturais que, por meio de ideias e símbolos, conseguem definir modas, costumes e crenças. Outras formas de costumes são as tradições culturais, nas quais determinadas famílias iniciam ações repetidas, ensinadas de geração a geração, transmitindo valores e práticas que solidificam a identidade do grupo.

Na sociedade contemporânea, marcada pelo globalismo, os costumes são moldados por influências externas, muitas vezes impostas pelos poderosos, que conseguem, de certa forma, bombardear de informações as mentes das pessoas, gerando interpretações e definições de propósitos sem a permissão do "eu". Um exemplo notório é a pressão sobre as mulheres em relação aos padrões de beleza inatingíveis, que não refletem a diversidade da população. Isso leva a uma busca compulsiva por produtos e procedimentos que prometem conformidade com esses padrões, resultando em um ciclo de consumo motivado por inseguranças. O ideal de poder e sucesso, enraizado no pensamento capitalista, alimenta a ideia de que "ter" é sinônimo de "ser" e que a velocidade é equivalente à inteligência. Esse cenário encoraja um comportamento automatizado, em que a informação vale mais do que o raciocínio crítico e autêntico.

A perda gradual dos valores, que durante séculos foram parte do tecido social, cede lugar ao interesse e à ambição de poucos. Questionar, uma prática outrora incentivada como parte do desenvolvimento humano, tem sido cada vez mais visto como uma anomalia. Como consequência, as pessoas se retraem, escondendo-se em seus próprios egos e vivendo em isolamento emocional. Os costumes e valores que moldaram sociedades e conferiram coesão às comunidades são ofuscados por ideologias superficiais e agendas particulares.

Ter uma mente crítica e propósitos bem estabelecidos é essencial para prevenir distúrbios psíquicos, que se tornaram comuns em uma sociedade agitada e dominada pela tecnologia. O pensamento crítico, quando nutrido, impede que indivíduos se tornem fantoches, controlados por mentiras e narrativas simplistas que muitas vezes prejudicam mais do que ajudam. Ainda mais preocupante é o fato de que essas narrativas, defendidas com veemência e ignorância, podem levar à divisão e ao enfraquecimento do tecido social.

Diante desse panorama, é fundamental aprender a aceitar e valorizar as diferenças entre indivíduos e grupos sociais. Em vez de impor nossas próprias ideias e convicções, devemos buscar o entendimento mútuo e usar a diversidade como fonte de enriquecimento e aprendizado. A convivência pacífica e respeitosa, baseada na empatia e compreensão mútua, deve ser a base de uma sociedade que preza pela coesão e harmonia.

Entretanto, não podemos deixar de questionar a natureza humana e a estrutura da sociedade em que vivemos. Somos realmente capazes de lidar com a complexidade de nossas mentes e das relações sociais? Ou estamos, de certa forma, perdidos em um mundo onde os interesses de alguns poucos manipulam as massas, obscurecendo a verdade em prol de seus próprios objetivos? Essas reflexões nos levam a ponderar sobre o papel do conhecimento e da verdade na construção de uma sociedade justa e equitativa.

Em última análise, a busca pela verdade e pela compreensão mútua deve ser um objetivo constante. Devemos estar dispostos a questionar nossas próprias convicções e considerar diferentes pontos de vista para alcançar uma convivência mais pacífica e harmoniosa. Somente dessa forma poderemos transcender as limitações de nossos costumes e construir um mundo mais justo e solidário. Devemos nos perguntar: onde estamos? Como podemos realmente compreender nosso lugar no mundo, quando muitas vezes estamos cegos às maravilhas ao nosso redor? Abrir os olhos significa enxergar além das próprias convicções e limitações. A busca por respostas começa com a observação do mundo físico e a percepção de que a vida em si oferece lições profundas sobre nossa existência e nosso papel neste vasto e complexo universo. Entender isso é vital para reconhecer que somos parte de algo muito maior do que nossa compreensão superficial permite.

Capítulo VII – Contemplação

Vamos começar olhando para as nuvens. Elas são mais do que simples aglomerados de vapor d'água no céu. São verdadeiras maravilhas da natureza, capazes de transformar o estado da água e até mesmo carregar enormes quantidades de peso. Imagine quantos baldes de água estão suspensos nas nuvens e como isso poderia impactar o mundo se tudo caísse de uma vez. No entanto, as gotas de chuva que delas emanam são delicadas e precisas, não causando danos significativos.

As formigas nos ensinam sobre determinação e trabalho árduo, apesar de seu tamanho diminuto. Elas realizam feitos impressionantes, como carregar folhas por distâncias consideráveis e construir estruturas complexas. Os rios, por sua vez, fluem constantemente, alimentando a terra e os mares, mantendo um equilíbrio natural que sustenta a vida. E o planeta Terra, com sua complexa interação entre hidrosfera, atmosfera e litosfera, nos mostra como diferentes elementos se unem para criar um ambiente propício à vida.

Ao contemplarmos essas maravilhas da natureza, somos confrontados com a fragilidade e a resiliência do mundo em que vivemos. A terra, com sua camada protetora e seu delicado equilíbrio ambiental, nos lembra da importância de preservarmos e respeitarmos nosso meio ambiente. Ao mesmo tempo, essas reflexões nos convidam a considerar nossa própria existência e nosso papel como seres conscientes neste vasto cosmos.

Portanto, ao olharmos além de nós mesmos e nos abrirmos para as maravilhas e complexidades do mundo que nos cerca, embarcamos em uma jornada de descoberta e aprendizado. Somente ao nos conectarmos com a natureza e com o universo podemos verdadeiramente compreender nosso lugar no mundo e cultivar um maior senso de gratidão, humildade e respeito por tudo o que nos rodeia.

Já parou para contemplar a localização precisa do sol e como isso afeta a existência da água em seus diferentes estados? Se o sol estivesse mais distante, a água congelaria, e se estivesse mais perto, evaporaria. Estamos, portanto, no lugar perfeito para a vida florescer, em um delicado equilíbrio que sustenta a existência.

E que dizer dos flocos de neve? Cada um é único, formado de maneira singular em meio a uma nevasca, sem repetição. A diversidade das espécies, das árvores às folhas, nos lembra da singularidade de cada elemento da natureza. Cada ser vivo é único, nunca haverá outro igual, e isso não é algo extraordinário?

Tudo ao nosso redor é singular e perfeito em sua própria maneira, em uma sincronia inigualável. Então, por que nos esforçamos para nos igualar? Por que nos comparamos e julgamos uns aos outros, quando nascemos para nos diferenciar? A diversidade não é uma falha, mas sim uma qualidade a ser celebrada. Nossa existência é uma ode à singularidade, e devemos respeitar e valorizar as diferenças uns dos outros.

Estamos inseridos em um mundo perfeito. Nossos papéis não são de conformidade, mas sim de aceitação e amor pelas nossas singularidades. Devemos aprender a valorizar e compartilhar nossas diferenças, a compreender que, se não somos iguais, é porque somos únicos em nossos pensamentos, em nossos sentimentos, em nossa essência.

Mudar esse conceito requer uma mudança profunda em nossa percepção de nós mesmos e do mundo ao nosso redor. Somos mais do que simples indivíduos; somos parte de um todo, de um propósito maior que transcende nossa compreensão. São os detalhes da vida, os momentos únicos, as pessoas singulares, as memórias inesquecíveis que nos definem e nos tornam quem somos.

Você é insubstituível, único em sua essência. Não se prenda a padrões impostos pela sociedade ou às expectativas dos outros. Seja autêntico, viva sua verdade, abrace sua singularidade. Você é uma peça única no quebra-cabeça da existência, e seu papel é vital para completar essa grande tapeçaria da vida.

Em última análise, quem somos nós? Somos energia, vida, parte de um todo maior, imbuídos de singularidade e propósito. Abra seus olhos para a beleza da diversidade, para a grandiosidade de sua própria singularidade. Viva cada dia como uma oportunidade única de ser quem você realmente é. Pois, afinal, somos únicos em um universo vasto e infinito.

Tudo isso deriva do simples pensamento, a centelha que dá origem a todas as nossas experiências e realizações. É através do poder do pensamento que exploramos o desconhecido, desvendamos os mistérios da mente e do coração, e nos conectamos uns aos outros em uma jornada compartilhada de autodescoberta e crescimento.

Que este livro sirva como um convite para continuar explorando as maravilhas da mente humana, sempre lembrando que, no cerne de tudo, reside o simples pensamento - a força motriz que nos impulsiona para a frente, em direção a um futuro de infinitas possibilidades e descobertas.

Capítulo VIII – Energia Vital

O que somos? Como vimos, somos mais do que um mero punhado de atitudes. As ações são importantes, mas elas são um mapa ou manual, onde os rastros são deixados a cada instante do que somos.

Somos como migalhas de pão deixadas no caminho. Somos como as pegadas dos animais selvagens, como as evidências de um crime esperando e clamando para que sejamos vistos e entendidos. Esperamos ser compreendidos e ajudados, ansiamos por atenção.

Nossas ações são nada mais do que pistas e fragmentos que abandonamos, revelando nossas essências. Essas essências são alteradas constantemente, sem padrão definido, até que encontremos um verdadeiro propósito. Pois afinal, por quê?

Para entender quem somos, precisamos entender que nossas ações, ou exteriorizações, nada mais são do que respostas no mundo físico de nossa mente. Então, somos como os flocos de neve que caem em uma nevasca com diversos padrões de estrutura, somos fruto de variáveis em um complexo algoritmo da vida.

Uma pessoa toma uma ação porque sua interpretação é afetada por seus pensamentos, que conduzem o filme mental e a associação do que é necessário ser exteriorizado. O pensamento tem o poder de mudar nosso estado corporal, de se exteriorizar de maneira automática.

Há mais de 15 anos venho estudando como é possível entender o que motiva as pessoas, e encontrei três maneiras, a energia vital, o olhar e a linguagem corporal. Será que minhas teses e teorias têm fundamentos? Afinal, quais foram os fundamentos seguidos pelos primeiros pensadores?

Creio que eles seguiram seus instintos, suas capacidades criativas e interpretativas, baseadas no pensamento crítico. Hoje vemos universidades ensinando as pessoas a repetir as ideias, a decorar e a aceitar sem julgamento, e não a criá-las a partir de suas próprias visões.

Chamarei aqui de energia vital, mas creio que existem outros nomes. Enfim, existe em cada ser uma energia responsável por conduzi-lo. Talvez essa tese seja metafísica, mas é impossível negar que existe uma energia que nos conduz, movendo nossos pensamentos e emoções.

A energia vital é como um campo magnético, uma onda de rádio ou wireless; afinal, podemos ser comparados então como roteadores, e a todo momento emitimos ondas de energias. Como qualquer tecnologia de emissão, essa energia é recebida pelas pessoas, que, se souberem interpretá-las, podem, em conjunto com o contexto, ajudar na interpretação do pensamento.

Pessoas mais sensitivas sentem as emoções de outras pessoas; suas verdadeiras intenções podem estar contidas nas delicadas linhas da energia. Existem estudos que relacionam o som com as moléculas de águas congeladas em diferentes aspectos de músicas.

Por ser automática sua recepção e emissão, podemos entrar nas esferas de energias das pessoas, podendo influenciar em seu estado tanto lógico quanto emocional, ou poderemos absorver seus sentimentos. De toda forma, é necessário saber agir, pensar e principalmente, ter boas estruturas emocionais para emitir boas ondas, motivar, inspirar as pessoas e dar fôlego e oxigênio a elas. Esse pode ser o segredo de bons líderes, boas pessoas: saber influenciar o melhor das pessoas somente pelo seu bom estado de energia.

Será que você influencia o ambiente em que está? É negativo ou positivo? Oferece o oxigênio da paz e da tranquilidade, ou sufoca as pessoas com instabilidade e opressão?

Para saber como está a sua energia, veja como as pessoas se comportam quando estão próximas a você. Elas riem? Se soltam em suas cadeiras? Você se sente bem? Ou existe um "clima" no ar? Pode ter certeza de que esse clima é a energia negativa.

Aqui trago também uma tese em que as energias se somam ou se separam. Pessoas com as mesmas energias tendem a se unir e seguir os mesmos propósitos, da mesma maneira, tendem a afastar aqueles que contêm energias diferentes. Mas quantos tipos de energias existem?

Existe a energia positiva. Essa energia tende a trazer coisas positivas, como boas qualidades, das quais destaco a paz, o amor e a justiça. Enquanto a negativa tende a trazer a contenda, a guerra e a parcialidade. Pessoas com boas energias são as somas de suas verdadeiras intenções; elas influenciam as pessoas, libertam as que estão aprisionadas, trazem à tona o que já existe de bom, ajudam a descobrir e melhorar preciosos tesouros nos corações.

Pessoas com energias negativas tendem a ser egoístas, egocêntricas, vivem com medo e oprimindo os demais. Assim, as energias positivas e negativas se contradizem. Assim como a luz com as trevas não habitam no mesmo espaço; existe uma batalha invisível de difícil compreensão. Por isso, existem pessoas que se unem em grupos, gerando controversas e contendas na intenção de prejudicar uma pessoa que tende a ser positiva, pois é mais fácil ser negativo do que positivo.

Diante desse cenário, é importante saber qual a energia das pessoas que te cercam. Porém, assim como as ações, as energias tendem a mudar, pois também são objeto de exteriorização do estado interior. Afinal, qual energia você emite?

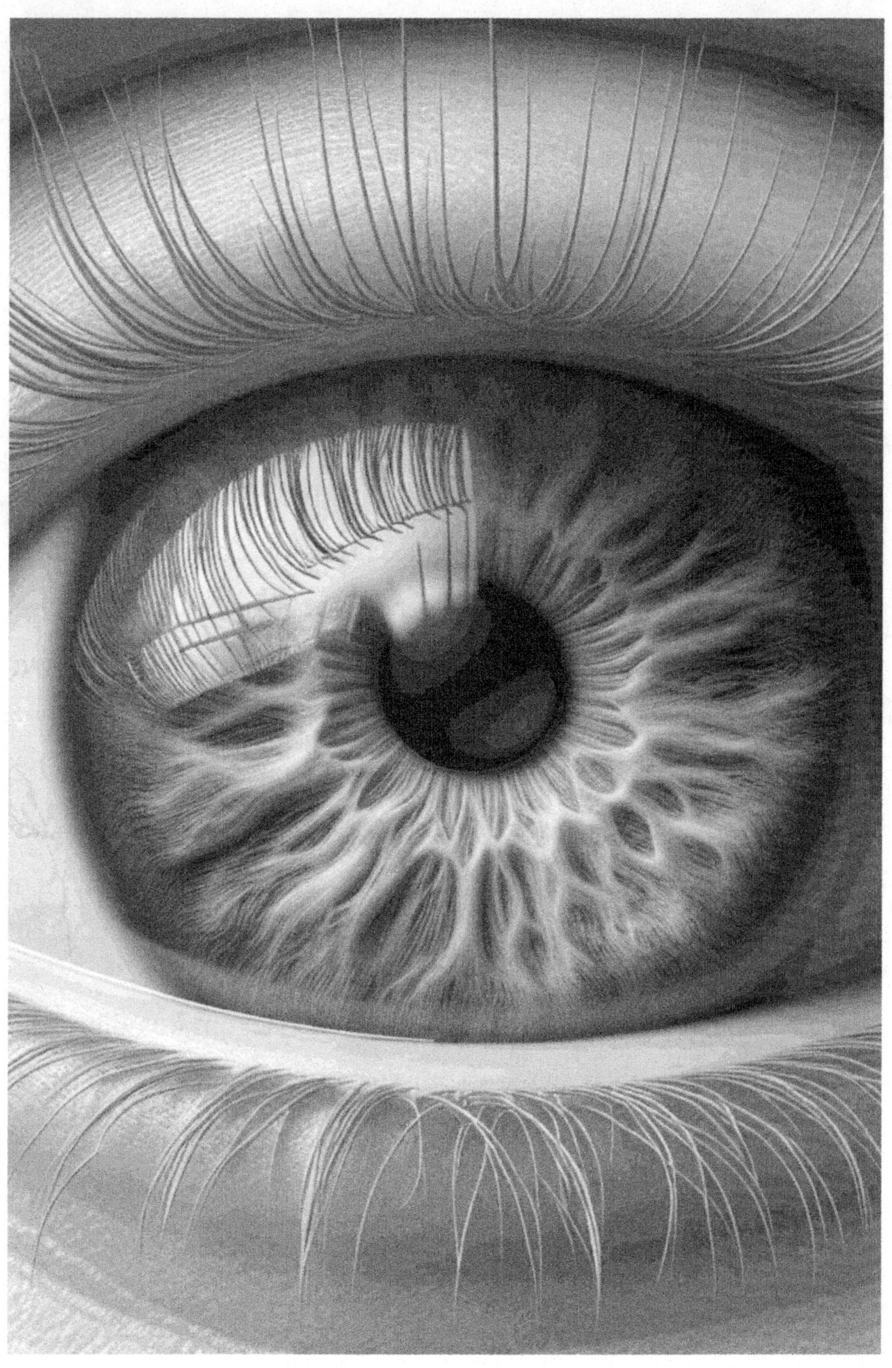

Capítulo IX – Olhar

A segunda tese que defendo é a do olhar como transmissor e receptor.

"Os olhos são as janelas da alma." Essa expressão é frequentemente atribuída a William Shakespeare, mas afinal, será mesmo?

Observando durante anos as pessoas, percebi que seus olhos transmitem seus "Sentimentos" ou a sua "Energia". Sim, é incrível como podemos sentir ao ver os olhos das pessoas; com determinado treinamento, podemos perceber sua energia de maneira mais precisa. Existe a famosa frase de que quem não olha nos olhos é falso, porque automaticamente percebemos que as suas verdadeiras intenções, estão escritas no olhar, na essência da energia que sentimos. Quando não quisermos sentir a energia negativa de uma pessoa, basta ignorar o seu olhar; mas se estivermos querendo perceber, basta também interpretar seus olhos. Mas afinal, como sentimos isso?

É uma associação que o cérebro faz com a imagem dos olhos das pessoas? Creio que vai além disso; isso extrapola a nossa vã ciência e emerge na esfera da metafísica. Não existe explicação científica; acreditar é uma questão de crença. Mas uma verdade existe: de todos os estudos que realizei, grande parte senti e acertei as intenções.

Na Bíblia, existem citações sobre os olhos, em estudos de universidades, nos escritores renomados, em engenheiros e em demais, é observado que os olhos trazem grandes significados sobre a energia interior. Comece a observar os olhos das pessoas, comece a tentar sentir a fragrância de seu interior, pois a sua energia é semelhante a um cheiro, que se distingue das demais.

Existem olhos altivos, olhos humildes, olhares corajosos, olhares de amor, compaixão etc. Quando for observar uma pessoa, saiba que ela é muito mais do que apenas exterioriza; ela é uma energia em constante movimentação e saber trabalhar as energias é essencial.

Além disso, a análise dos olhares pode revelar o estado emocional de uma pessoa. Essa habilidade de decifrar os olhos e compreender as energias que emanam deles é fundamental para estabelecer conexões mais profundas e autênticas, com as pessoas ao nosso redor. Ao reconhecermos a importância dos olhos como expressões genuínas da alma, somos incentivados a cultivar uma maior sensibilidade e empatia em nossas interações, buscando enxergar além das aparências e compreender verdadeiramente o que as pessoas estão transmitindo através de seus olhares.

Sempre fui encantado pela vida e principalmente pelos olhos das pessoas; elas são como uma pequena janela de uma imensidão, um novo universo.

Somos planetas separados, dimensões distantes uns dos outros, e estamos isolados dentro de nós mesmos. Mas ao contemplar os olhos, vemos a nós mesmos refletidos em outra dimensão.

Capítulo X – Linguagem Corporal

Essa é, das três, a mais conhecida. Trata-se da ação do corpo diante dos pensamentos. Podemos interpretar as ações das pessoas a partir dela: as risadas ocultas, o tocar das mãos, o sentar na cadeira, entre outros gestos. Existem diversos estudos sobre a linguagem corporal aos quais não irei entrar em detalhes.

O importante é saber que não podemos interpretar as pessoas apenas pela sua linguagem corporal, mas sim pela junção dos outros fatores. Podemos simplesmente estar absorvendo energias negativas, o que pode influenciar em nosso corpo e mente. Podemos estar sofrendo influência das variáveis do local, das memórias, e tudo isso se manifestará no corpo e energia, pois tudo o que se pensa é exteriorizado.

Aos olhos de quem realmente interpreta, é possível captar os detalhes deixados pelo caminho, juntar as pistas e entender o motivo das ações. A linguagem corporal das crianças é totalmente visível, pois elas não sabem dissimular suas ações; ao mentir, geralmente escondem as mãos. Pessoas dominadoras tendem a dar apertos de mãos firmes para mostrar que estão no controle. Pessoas tensas tendem a tremer, a suar e a ter reações diferentes em reuniões.

Além disso, a linguagem corporal revela uma riqueza de informações sobre o estado emocional e mental das pessoas. Gestos, posturas e expressões faciais são reflexos diretos dos pensamentos e sentimentos internos. Por exemplo, uma pessoa que se inclina para frente durante uma conversa pode estar demonstrando interesse e envolvimento, enquanto uma postura recuada pode indicar desconforto ou falta de confiança.

A linguagem corporal também pode ser utilizada para identificar sinais de mentira ou decepção, como a evitação do contato visual, gestos defensivos ou falta de sincronia entre o discurso e os movimentos corporais. No entanto, é importante considerar que a interpretação da linguagem corporal deve ser feita de maneira cautelosa, levando em conta o contexto e as outras variáveis individuais. A combinação entre linguagem corporal, energia vital e expressão dos pensamentos oferece uma visão mais completa e precisa das pessoas e de suas intenções.

Entendendo as três variáveis de exteriorização, podemos juntá-las e tentar de maneira um pouco melhor interpretar o contexto do pensamento do indivíduo. Precisamos reunir todas as pistas possíveis para ter, de relance, um pouco de seu aspecto real. Pois a exteriorização é mutável; uma pessoa com trauma de barata pode ser calma até dar de frente com a sua assombração, esta irá gritar e jogar tudo o que vir pela frente na coitada.

Então, qual energia ela ecoará? Como estarão seus olhos e o seu corpo? Com toda certeza será um ambiente negativo, olhos de desespero e medo com o seu corpo prestes a lutar. A mesma pessoa pode estar em um ambiente calmo com energia positiva, olhos de paz e corpo tranquilo. Então, como entender as pessoas?

Se quisermos entender as pessoas como elas são e ajudá-las de verdade, teremos que estar junto com elas em suas atividades, em seus momentos de tensão, nos ambientes inóspitos, pois não passaremos de cegos julgando características errôneas de um cenário projetado.

Uma pessoa tende a ter bem mais do que uma "personalidade"; talvez tenha diversas, pois as variáveis são incontáveis.

O conhecimento para interpretar as pessoas é utilizado no mundo não para ajudar, mas para manipular. Se usássemos o conhecimento exposto para entender as pessoas e direcioná-las para o seu melhor, teríamos um mundo diferente.

Entenda o contexto em que se encontra, tente sentir a energia das pessoas que te cercam. Observe o olhar das pessoas e tente dissipar sua energia positiva a elas. Um sorriso leva a outro sorriso. Se sua energia for maior que as demais, a sua as converterá em positivas, por isso se solidifique e se mantenha firme. Mas se não conseguir, é provável que sua energia seja transformada em negativa.

Além disso, é fundamental reconhecer que cada indivíduo é complexo e multifacetado, sendo influenciado por uma miríade de fatores internos e externos. Portanto, é necessário cultivar empatia, compreensão e tolerância ao interagir com as pessoas, especialmente em momentos de dificuldade ou tensão.

Ao invés de julgar precipitadamente, devemos buscar compreender as motivações e circunstâncias que moldam o comportamento de cada indivíduo. Isso requer uma abordagem holística, na qual consideramos não apenas as manifestações externas, mas também os sentimentos, pensamentos e experiências que estão por trás, nos bastidores. Somente assim poderemos promover uma verdadeira conexão humana e contribuir para um ambiente mais harmonioso e solidário.

Capítulo XI – Quem somos

Agora vamos juntar os retalhos, pois somos um monte de pistas jogadas e embaralhadas. Vimos anteriormente que a base de tudo é o pensamento, dessa forma, somos uma máquina composta de mecanismos complexos.

Essa máquina é movida por nossa energia vital, conhecida como espírito ou alma. Essa energia é exteriorizada e se manifesta em conjunto com nossas atitudes. Nossos pensamentos que conduzem esse conjunto são orientados pelos propósitos, que derivam do anseio base.

Eu lhe pergunto, meu caro leitor, quem é você? Vamos descobrir?

Vamos tentar seguir um passo a passo, porém essa leitura será momentânea, pois a cada nova interpretação, tudo mudará. Primeiro, iniciaremos entendendo a colcha de retalhos de suas memórias, que é a base dos seus pensamentos. Com elas, também entenderemos seus propósitos, os quais te direcionam. A partir deles, entenderemos as suas ações e qual a energia que emana de você.

Memórias:

Vou pedir, caro leitor, que tente voltar à sua infância primária. Lembre-se de seus pais, das casas em que viveu, dos seus parentes.

Pode lembrar com bastante atenção. Agora, peço que recorde os momentos felizes, posteriormente, dos momentos tristes.

Peço que preste atenção. Agora, lembre-se de sua história, antes do momento em que pegou este livro.

Quantas aventuras você já viveu? Quantas vezes chorou? Quais foram seus traumas? Quais as suas frustrações? Somos humanos e voltar às nossas raízes, ajudam a nos esvaziarmos e resgatarmos as nossas identidades.

Agora que lembra de sua história, peço que tente se recordar dos conhecimentos técnicos que adquiriu ao longo do tempo, por meio de estudos e experiências profissionais.

Pronto, isso não é nem um por cento de suas memórias. A memória é uma das funções cognitivas mais fascinantes e misteriosas do cérebro humano.

Agora que refletimos sobre suas memórias, poderemos perceber como elas moldam quem você é. Cada experiência vivida, cada emoção sentida, deixou uma marca em você, influenciando os seus pensamentos, suas escolhas e ações no presente. Essas lembranças não apenas te definem, mas também impulsionam, para que siga em direção aos seus propósitos e objetivos.

Ao recordarmos de suas raízes, pode compreender melhor as motivações por trás de suas decisões. As alegrias nos ensinam a valorizar os momentos felizes, enquanto as tristezas nos tornam mais resilientes e nos ensinam lições valiosas. Cada lágrima derramada e cada sorriso compartilhado contribuíram para formar, o que você se nos tornou.

Então, enquanto seguimos em frente, é importante lembrar que somos muito mais do que apenas a soma de nossas experiências passadas. Temos o poder de moldar nosso futuro, aprender com nossos erros e buscar a felicidade e o crescimento contínuo. Afinal, nossas memórias são apenas o ponto de partida de uma jornada emocionante e cheia de possibilidades.

Propósitos:

Aqui existe algo profundo, este tema é bastante interessante. Quais são os seus propósitos? Esta é uma pergunta difícil e se direciona à sua definição de felicidade.

Vamos reformular a pergunta: o que é felicidade para você?

Nessa definição, seus propósitos são criados. Podem estar relacionados ao dinheiro? Será que ter bastante dinheiro verdadeiramente o deixará feliz? Ou pode estar ligado ao poder? Será que o poder o deixará satisfeito?

Mas por que existe tanta infelicidade em pessoas que alcançam o sucesso? Afinal, o que move a sua energia? Em qual direção você gostaria de seguir? Será que, ao longo da sua vida, ao gastar suas energias, você chegará aonde esperava? A morte é o fim?

Como poderá ser feliz, sabendo que existe o fim da existência e é impossível fugir dela? Você dormiria em paz se soubesse que iria morrer amanhã? Então, como buscamos a felicidade, se temos essa enorme barreira? Desde as antigas civilizações, esse conflito sempre existiu.

Isso explica as religiões, a busca constante por uma resposta além do que conhecemos. Mas, independentemente disso, por que temos esse anseio em nossa base? Surgiu na própria evolução para a sobrevivência ou fomos criados para um plano transcendental? São essas as perguntas que você precisa responder, pois se não sanar essas dúvidas, elas dormirão com você, e serão um buraco vazio, em que nada poderá compensar.

Será que é isso que nos motiva a mentirmos para nós mesmos? A buscarmos propósitos que tapeiam e escondem essa pergunta? Reflexões são atitudes para pessoas fortes, não são objetos de fraqueza de maneira alguma.

Os maiores debates são travados sobre essas questões, e elas atravessam as gerações. Pois bem, quais são suas metas? Use suas memórias e tente entender o que forma o seu entendimento sobre a felicidade.

A jornada em busca da felicidade é uma das mais desafiadoras que enfrentamos ao longo da vida. Os propósitos que definimos para nós mesmos moldam não apenas as nossas ações, mas também a nossa visão de mundo e as nossas perspectivas sobre a realização. No entanto, muitas vezes nos vemos confrontados com a dúvida sobre o que realmente nos trará uma felicidade duradoura.

Será que a verdadeira realização reside em algo muito mais profundo e intangível? À medida que nos deparamos com essas questões, somos levados a refletir não apenas sobre nossos próprios anseios, mas também sobre o propósito maior de nossa existência. A busca pela felicidade transcende as barreiras do tempo e das culturas, ecoando através das eras, sem resposta.

Entender nossos propósitos é dar um passo em direção à compreensão de nós mesmos, da vida que desejamos construir. Então, enquanto buscamos nossas metas e definimos nossos caminhos, podemos encontrar a coragem para enfrentar as questões mais profundas que habitam em nosso ser, guiados pela luz da verdade e da autenticidade.

Atitudes:

As ações se desdobram no palco da vida, onde a peça verdadeiramente se encena, com diversos cenários, plateias, figurinos e figurantes em constante mudança.

A vida é uma poesia bela, cheia de histórias entrelaçadas que se tornam uma grande encenação. As pessoas idosas com suas experiências, as crianças com suas curiosidades, os jovens com suas energias. Todos contribuem para tecer essa teia de complexidade e interações.

Mas afinal, o que é a vida? Com tudo isso, vemos um mundo tanto real quanto imaginário, um mundo dentro de cada pessoa, um mundo de mundos.

Entendendo as suas memórias e os seus propósitos, você poderá compreender claramente o porquê das suas ações. No entanto, peço caro leitor que tente fazer o contrário. Ao tomar uma atitude, lembre-se de quem você é, quais as memórias estão sendo acessadas e qual o propósito por trás da ação. Será que a sua ação está alinhada com sua filosofia de vida?

Nossas ações são o resultado de um mundo de difícil controle. Podemos moldar nossas ações moldando nossos pensamentos, e podemos moldar nossos pensamentos moldando aquilo em que acreditamos. Podemos, por sua vez, moldar o que acreditamos moldando nossas memórias, interagindo com elas de maneira diferente e reeditando-as. Assim, a roda continua a girar, e mudamos de uma ponta a outra.

Portanto, perceba que o que você faz é muito mais do que uma simples ação. Espero que você possa entender melhor quem você é, e que seja capaz de mudar a si mesmo e as pessoas que ama para melhor.

Além disso, é importante lembrar que nossas ações têm um impacto não apenas em nós mesmos, mas também nas pessoas. e no mundo, como um todo. Cada escolha que fazemos, cada palavra que dizemos, reverbera além de nossas próprias vidas, influenciando o ambiente e as vidas das pessoas com quem interagimos. Portanto, ao compreendermos melhor quem somos e o que nos motiva, podemos agir de maneira mais consciente e compassiva.

Ao longo de nossas jornadas, podemos encontrar desafios e obstáculos, mas também, momentos de alegria e realização. É importante permanecer fiel a nós mesmos, mesmo diante das adversidades, buscando sempre o crescimento e o bem-estar.

Que possamos continuar a aprender, evoluir e nos conectar uns com os outros de maneira significativa, criando laços de amor e compreensão, que transcendem as barreiras do tempo e do espaço.

Que cada ação, seja um reflexo do melhor que temos a oferecer, e que possamos deixar um legado positivo neste mundo que compartilhamos.

Energia Vital:

No final, somos energia. Essa afirmação é incrível, mas as coisas são mais simples do que parecem. A ciência sobrevive da dúvida; quando a dúvida desaparece, a ciência se cala. Então, ela depende da dúvida, é a verdade que a extingue, correto?

Pois bem, uma dúvida gera outras diversas questões, gerando uma cadeia de perguntas que, por sua vez, gerará diversas outras dúvidas.

Então, cada vez mais a verdade se distancia. No final, esse aglomerado de dúvidas reflete a apenas uma grande dúvida, que possui mesmo significado, e então, portanto, existe para ela apenas uma resposta. E por ser grande um aglomerado de questões, a pergunta se torna complexa, porém a resposta só pode ser algo simples. Por isso é ignorada.

Mas há algo curioso: qual é a primeira dúvida?

A energia vital não é explicada pela ciência, mas é essa a energia que nos move, que nos direciona, ela é a essência da vida.

Essa questão sobre a origem da energia vital nos leva a uma jornada fascinante de reflexão e autoconhecimento. Ao nos confrontarmos com essa incógnita, somos desafiados a explorar os limites da nossa compreensão e a questionar nossas crenças mais arraigadas. Será que estamos diante de uma força cósmica primordial, transcendendo as fronteiras do tempo e do espaço? Ou talvez seja o resultado de processos evolutivos complexos, moldados ao longo de bilhões de anos de história? Essa é uma pergunta que você precisa responder!

Independentemente da sua resposta, a busca pela compreensão da energia vital nos convida a mergulhar nas profundezas do mistério da existência humana e a nos reconectar com o cerne da nossa própria essência. O que você acha?

Quem somos:

Somos únicos, somos um turbilhão de memórias, somos um sistema complexo, somos transmissores e receptores, somos muito mais do que isso. Somos sonhos, somos sensações, somos seres que buscam compreensão e afeto.

Aproveite sua vida ao máximo que puder, estabeleça seus propósitos bem, pois somente uma vez encenaremos esse espetáculo. Espero que chore e sorria, ganhe e perca, sonhe e se frustre, pois a nossa vida é cíclica. Assim como as estações, temos as estações emocionais, e espero, que encontre o significado da vida em cada folha de árvore, ou a cada sorriso.

Que a singeleza e a simplicidade inundem os corações daqueles que sabem amar, e principalmente, que saibamos quem somos e quais são os nossos papéis. Que entendamos que todas as pessoas possuem esse complexo processo de pensamento, independentemente da raça, cultura ou religião. Que sejamos mais incentivadores que ditadores, e que possamos contribuir para um mundo melhor.

Diante da vastidão do universo, cada um de nós se torna uma centelha única de consciência, uma expressão singular da vida em toda sua complexidade.

Somos como as notas em uma sinfonia, cada uma contribuindo para a harmonia do todo, de maneira inimitável. Assim como não há duas folhas idênticas em uma árvore, não há duas pessoas iguais neste mundo. Cada um traz consigo uma história, uma jornada, um conjunto único de habilidades e perspectivas que moldam sua identidade e influenciam as suas escolhas.

É essa diversidade que enriquece nossa experiência coletiva, tornando o palco da existência tão vibrante e cativante. Então, caro leitor, saiba que você é uma peça fundamental nessa grande tapeçaria da vida, com um papel único e irreplicável. Seja quem você é, abrace sua singularidade e contribua para o espetáculo da existência com todo o seu ser.

Você já se perguntou quem realmente é? Já parou para refletir sobre suas paixões, seus medos, seus sonhos mais profundos? O que o motiva a levantar todas as manhãs e enfrentar os desafios do dia a dia?

Será que suas ações refletem verdadeiramente seus valores e aspirações mais genuínos? E quanto ao futuro, onde você se imagina estar daqui a cinco, dez, ou vinte anos? Essas são perguntas que apenas você pode responder.

Afinal, quem é você quando ninguém está olhando? O que o faz sentir-se vivo e realizado? Quais são os obstáculos que o impedem de alcançar seu potencial pleno? E, mais importante ainda, o que você está fazendo para se tornar a melhor versão de si mesmo?

São questões desafiadoras, sem dúvida, mas é através da busca por respostas que encontramos significado e propósito em nossas vidas.

Então, convido-o a mergulhar fundo em sua própria jornada interior, a explorar os recantos mais secretos de sua alma e a descobrir o verdadeiro eu que reside dentro de você.

Afinal, quem é você?

Made in the USA
Monee, IL
07 July 2026

56551762R00046